Adrien Arcand

Le communisme installé chez nous

La révolte du matérialisme

"Notre devoir devant les faits"
Causerie prononcée à Montréal en 1966

The Savoisien & Lenculus

Ce qui se passe sur la scène politique du monde est intéressant.

Ce qui se passe dans la coulisse et que l'on cache est plus intéressant encore.

Pour savoir ce qui se passe, d'où viennent les idées et les manœuvres qui vous poussent vers un abîme que vous ne voyez pas, lisez :

" The Savoisien "

― ― ―

" La Liberté par la Vérité "

Ceux qui trouvent sans chercher, sont ceux qui ont longtemps cherché sans trouver.
Un serviteur inutile, parmi les autres
16 JUILLET 2013
SCAN, ORC, Mise en page
LENCULUS
Pour la Librairie Excommuniée Numérique des CUrieux de Lire les USuels

Adrien Arcand

Le communisme installé chez nous

causerie prononcée à Montréal en 1966

Préambule

Je vous ai dit que le Communisme est solidement installé chez nous. Non pas le Communisme tel que nous le fait voir ordinairement la propagande anticommuniste des enfileurs de mots : c'est à dire un parti communiste à la solde de Moscou, avec des réseaux d'espionnage soviétique, d'agents de Moscou cherchant à voler nos secrets politiques, diplomatiques et militaires, de propagandistes spéciaux infiltrant tous les rouages de l'appareil administratif et social. Ces forces sont connues, la plupart d'entre elles opèrent au grand jour, ont leurs publications, se réunissent régulièrement. C'est le moindre des périls que présente chez nous la conspiration communiste, et il est facile de le mettre hors d'état de nuire.

Le danger communiste que je veux particulièrement souligner à votre attention, c'est le Communisme légal, gouvernemental, administratif, qui opère dans notre pays depuis plus de trente ans, qui nous a plongés dans un communisme actif partiel, en a fait une coutume sociale et nous a préparés au communisme total, intégral, définitif.

C'est en 1917 que les chefs communistes, dont 89 % étaient de sang juif, ont pris le contrôle et l'administration de l'État russe. C'est la même année, 1917, que nos bons démocrates conservateurs et libéraux ont, dans presque tous les pays du monde, implanté le communisme dans l'administration des autres Etats occidentaux.

Comme il est dit dans l'Évangile, il y en a qui crient « *Seigneur ! Seigneur !* » mais qui se conduisent et agissent comme des ennemis du Seigneur. De même, en politique, nos bons démocrates libéraux, conservateurs et autres, crient sa cesse contre le Communisme, mais ils ne cessent pas de le servir, de le répandre, de lui donner la protection des gouvernements, des parlements, des lois et des tribunaux. Quand je vous aurai expliqué clairement la justification de mon affirmation, qui peut vous paraître extravagante ou exagérée, vous devrez admettre que vous faites tous du communisme sans le savoir ; que vos gouvernants sont tous des serviteurs zélés de Karl Marx, propageant l'action communiste dans la mesure même qu'ils le condamnent. Et cette admission vous en fera faire une autre ; c'est que vous êtes trahis par une partie de vos gouvernants, tandis que l'autre partie constitue simplement une bande d'aveugle conduisant un peuple aveuglé par leurs mensonges ou par leur ignorance crasse.

Le Communisme n'est pas seulement, comme on est trop porté à le croire, une organisation politique composée de pauvres diables dégoûtés des injustices sociales, des mensonges ou des abus des politiciens véreux ; composée d'intellectuels tarés, névrosés ou décadents ; composée de ceux que le vice attire plus que la vertu ; composée de jaloux, d'en vieux, de haineux, d'insoumis, de révoltés, de repris de justice et de rageurs congénitaux, tous conduits par des chefs juifs qui, eux savent où ils vont. Si ce n'était que cela, le Communisme, un simple coup de balai suffirait à le faire disparaître au fond d'un porte-poussière. Mais le Communisme est beaucoup plus que cela.

Un simple stratagème

C'est un stratagème juif en vue de conduire Israël au pouvoir mondial. Et comme il y a de solides barrières fermant la route à cette ascension juive vers le sceptre mondial, la conspiration communiste a pour but d'ébranler, puis de renverser ces barrières l'une après l'autre. Ces barrières sont la monarchie, la religion, la tradition, l'esprit national, l'esprit familial, l'initiative individuelle, la propriété privée, avec tout appareil des autorités, des droits et des lois qu'ils comportent. Toute la littérature théorique du communisme, de même que son application pratique dans les pays qu'il a subjugués, ne laisse aucun doute là-dessus. L'évangile du communisme, « *Manifeste Communiste* » de Marx et Engels, livré au monde en 1848, il y a plus d'un siècle, l'affirme solennellement et donne la ligne de conduite à suivre pour parvenir au but final. Il faut affaiblir toutes les institutions politiques, sociales et économiques, au point qu'un simple ébranlement les fera crouler et que le parti communiste, simple instrument de prise de pouvoir, n'aura qu'à se baisser pour ramasser les débris de ces institutions effondrées. Mais tout cela ne peut se produire que si la base originaire et principale sur laquelle toutes les institutions s'appuient :

La propriété privée, a été, sinon détruite, du moins conduite par épuisement à un état de faiblesse impotente. Toute la littérature marxiste ne constitue qu'une incantation sans répit contre la propriété privée, principalement elle qui est représentée par les classes terriennes et agricoles, les classes qui possèdent personnellement, sans caractère anonyme, le petit commerce et la petite industrie, c'est-à-dire la petite bourgeoisie. Le haut est facile à conquérir, du moment que l'on contrôle la Finance

Internationale qui fait la valeur des monnaies, que l'on contrôle la force déterminante des prix du marché mondial, que l'on contrôle les grands consortiums intercontinentaux, par lesquels on absorbe à volonté les entreprises qui en dépendent ; le bas est aussi facile à contrôler, quand on le tient à la merci d'un paupérisme constant déterminé par le coût de la vie et, au besoin, par les crises économiques facilement créées, quand on détient les leviers du crédit. Mais le centre, lui, la petite bourgeoisie, est beaucoup moins facile à enrégimenter, à contrôler, à internationaliser, parce que son intérêt est exclusivement local, parce qu'elle est fermement enracinée dans le sol national, parce qu'elle participe plus que toute autre classe à la pulsation du cœur national, parce qu'elle représente les fruits de l'initiative, du travail, de la patience et de l'économie. Dans l'idée du marxisme, c'est elle qu'il faut détruire, et le moyen choisi pour la détruire c'est l'agression sans répit contre son avoir : la propriété privée.

LES DIX COMMANDEMENTS DE KARL MARX

Toutes les institutions au monde, même celle de l'État, sont soutenues par la propriété privée, à laquelle elles font toutes appel, par un moyen ou l'autre. Dès que la propriété privée disparaît, toutes les institutions qui en dépendent tombent d'elles-mêmes ou deviennent des simples instruments de l'État, qui hérite automatiquement de la propriété. Le citoyen lui-même, dépouillé au profit de la propriété publique, ne se trouve plus qu'un esclave de l'État. Aussi longtemps que les citoyens peuvent jouir de la propriété, ils peuvent toujours se défendre contre les attentats à leurs droits ; quand ils n'ont plus rien et sont tous également pauvres, c'est pour eux la servitude totale et définitive sans moyen ni espoir de libération. Dans leur conspiration pour la domination mondiale, les chefs juifs ont tout prévu et, s'ils réussissaient dans l'exécution de leur plan, ils ont parfaitement raison de dire que leur règne sur tous les peuples durerait au moins mille ans.

Dans son deuxième chapitre, le *Manifeste Communiste* des Juifs Marx et Engels énumère son décalogue, ses dix commandements matérialistes, dont presque tous visent à l'anéantissement de la propriété privée. « *Pour commencer*, dit le Manifeste, *tout cela ne peut être effectué que par le moyen d'agressions despotiques contre la propriété privée et contre les conditions de la production bourgeoise... Ce sont des moyens indispensables pour révolutionner le mode de vie* ». Quelques lignes auparavant, le *Manifeste Communiste* déclare que, « *par la politique, il faut travailler à dépouiller la bourgeoisie de tout son capital, par degrés, et de centraliser toute la production dans les mains de l'État* ».

Le premier commandement de ce décalogue matérialiste réclame l'abolition de la propriété terrienne. En attendant que le Communisme au pouvoir confisque toute propriété terrienne, il faut naturellement (comme pour l'industrie et le commerce), encourager la centralisation de cette propriété en le moins de mains possible, pour qu'au moment voulu, la masse des propriétaires d'hier, dans la rancœur ou l'esprit de vengeance naturels chez les dépossédés, accueille avec plaisir la dépossession de tous au profit de l'État. Les grands organismes du capitalisme international ont, dans tous les pays, des sociétés d'immeubles qui, avec les profits réalisés par la Haute Banque achètent et accumulent tout ce qu'elles peuvent de propriétés immobilières, rurales comme urbaines. En même temps, l'État fédéral devient, à la faveur des guerres ou préparatifs de guerres, détenteur d'une proportion toujours plus vaste de la propriété immobilière du pays.

L'impôt sur le revenu

Le deuxième commandement du décalogue marxiste exige ceci : un impôt sur le revenu, lourd, gradué et progressif. Je répète : Karl Marx, prophète et fondateur du Communisme tel que nous le connaissons aujourd'hui, demande dès 1848, aux fins d'arriver au communisme mondial : un impôt sur le revenu, lourd, gradué et progressif.

Presque tous les pays qui ne sont pas derrière le « rideau de fer », pays qui se disent anticommunistes, ont appliqué sur leur territoire des lois d'impôt sur le revenu, un impôt lourd, gradué et progressif. Et cela depuis 1917, l'année même que Lénine, Trotski et Staline imposaient le Communisme, sous le nom de démocratie populaire, en Russie Soviétique.

Comme condition préparatoire au Communisme universel, Karl Marx, qui s'y connaît en fait de communisme, exige l'impôt sur le revenu ; impôt qui, suivant sa propre définition, constitue une agression despotique sur la propriété privée, impôt qui doit conduire, à la fin, à la ruine de toute propriété privée.

Nous avons cet impôt chez nous, comme il existe en Angleterre, en France, aux États-Unis, en Australie, bref dans toutes les « démocraties ». Jamais les communistes n'ont été au pouvoir chez nous ou dans ces pays. Alors comment se fait-il que nos démocrates libéraux et conservateurs aient pu incorporer pareille loi de sens, d'esprit et de but communistes dans nos statuts, une loi véritablement despotique qu'il n'est pas permis de débattre devant les tribunaux, contre les empiétements de laquelle il n'y a ni recours, ni juges, ni appel, une loi qui place la propriété des citoyens à l'entière discrétion de simples fonctionnaires et bureaucrates ? Vous en aurez la réponse dans quelques instants.

Pour quiconque a étudié le communisme suivant ce qu'il est dans sa sinistre réalité, c'est-à-dire ailleurs que dans les bafouillages orthodoxes de propagande pour ou contre, l'impôt sur le revenu atteint simultanément trois buts communistes.

Marx, Engels, Lénine, Staline, Mao

TROIS BUTS COMMUNISTES IMPORTANTS

1 — L'impôt sur le revenu dépouille le citoyen de son capital, sous prétexte que c'est un revenu.

Que j'hérite demain d'une vieille tante qui me lègue cent mille dollars ; je puis placer cet argent dans une société commerciale ou industrielle, qui m'en donnera annuellement environ cinq mille dollars. Je n'aurai même pas à me déplacer pour recevoir l'intérêt ou le dividende annuel, qui me sera transmis par la poste. C'est là essentiellement un revenu.

Par ailleurs, que je retire des gages, un salaire, un cachet ou des honoraires soit comme serviteur, ouvrier, artiste ou professionnel, cet argent ne m'est pas donné pour rien. Je dois le gagner, donner une valeur en échange, vendre mon énergie, mes sueurs, mon attention, mon jugement, mon expérience, mon temps, une proportion de la vie que j'ai à vivre. Ce n'est pas un revenu, c'est un échange de valeurs, un échange de capital-activité, de capital-habileté, de capital-création pour du capital-argent. Il est bien paradoxal que, dans cet échange de valeurs, ce qu'on appelle le capital humain soit taxé, et l'autre partie, le capital-argent, ne le soit pas. Gages, salaires, honoraires, à quelques montants qu'ils se chiffrent, ne sont pas des revenus et ne le seront jamais. Pourtant, ce sont eux qui portent le fardeau le plus lourd de l'impôt sur le revenu. Et on leur impose ce fardeau par la magie d'un mensonge véritable qui engendre un vol véritable, la plus crapuleuse des escroqueries. Cet impôt de despotisme et de fraude a pour mission d'éliminer graduellement la petite bourgeoisie et d'empêcher les classes pauvres de pouvoir s'élever, comme c'est leur droit, dans l'échelle sociale. Nos démagogues de la démocratie, quand vous leur dites ces choses, vous répondent qu'il faut des revenus à l'État. Certes il en faut, mais au lieu de taxer l'argent gagné et devenu propriété privée des citoyens, au lieu d'aller fouiller leurs poches avant même qu'ils aient pu compter leur gain, on n'a qu'à taxer l'emploi que les citoyens font de l'argent. Je vous en parlerai de façon plus détaillée dans une prochaine occasion.

Le citoyen, employé de l'État

2 — Le deuxième but communiste atteint par l'impôt sur le revenu est de transformer le citoyen en un simple employé de l'État, exactement comme en Russie Soviétique. Le principe est absolument le même, et il n'y a de différence que dans la proportion ou le pourcentage du hold-up perpétré par l'État.

En somme, qu'est-ce que l'impôt sur le revenu veut dire, dans ses fins pratiques ? Ceci. Après douze mois de travail, l'État vous fait comparaître devant lui et, dans sa chinoiserie légaliste, vous dit ceci : « *Tu as travaillé pour moi depuis douze mois, rends-moi des comptes. Tu as, par tes activités, retiré telle somme globale. Bien. L'an prochain, je veux que tu continues de travailler pour en gagner autant. Alors, afin que tu vives, je t'alloue tel montant ; pour que ta femme continue de maintenir ton foyer, je t'alloue tel montant pour elle ; pour que tes enfants ne crèvent pas complètement, je t'alloue tel montant par enfant ; pour que tu aies un peu de sécurité et de paix morale durant ton travail, je t'alloue tel montant pour des assurances, des contributions religieuses et charitables. Tout ce qui reste, je le prends, ou j'en prends 20, 30, 40, 60, 80 pour cent, car c'est pour moi que tu as travaillé. Maintenant, retourne à tes occupations et, l'an prochain nous nous reverrons* ». Et, ce que l'État arrache à l'ouvrier, ce sont les économies qu'il pourrait faire pour les mauvais jours ; ce qu'il arrache à la petite bourgeoisie, ce sont les réserves nécessaires pour les temps durs. Et la propriété privée des citoyens va se centraliser toujours davantage dans le gouffre sans fond de l'État. En Russie, l'État prend tout le profit de l'activité humaine ; ici, nous avons exactement la même chose, sauf que la proportion de l'escroquerie est inférieure. Il faut nous habituer graduellement au système communiste, et ceux qui chez nous font ce travail, demandé par Karl Marx, ont l'effronterie, l'impudence de se dire anticommunistes ! Nos foules peuvent bien se débattre dans la confusion et les ténèbres, sans plus savoir ce qui se passe dans le monde, quand les gouvernants, les chefs du troupeau, manifestent tant d'inqualifiable ignorance, là où ce n'est pas de la mauvaise foi, du cynisme et de la trahison.

Des peuples de tricheurs

3 — Le troisième but communiste atteint par l'impôt sur le revenu, c'est la généralisation du désordre dans le peuple. Tout système politique respectable, toute forme d'administration, de quelque nom qu'on l'appelle, doit avoir, comme but fondamental, d'instaurer et préserver l'ordre dans la société. L'ordre se manifeste par le respect des lois. L'irrespect, la contemption des lois, est le plus grand désordre dont puisse souffrir une société, et cela d'autant plus que le nombre des hors-la-loi est plus grand.

Depuis que je suis sorti du camp de concentration, je me suis fait une marotte de poser cette question à plus de cinq mille personnes de toutes classes et de tous rangs : « *Quand vous faites votre rapport d'impôt sur le revenu, devant Dieu devant votre conscience et votre pays, est-ce que vous dites à l'État tout ce que vous devez lui dire, et est-ce que vous lui donnez tout ce que la loi exige que vous lui donniez ?* » — Vous vous imaginez les regards, les expressions de visage et les sourires qu'on m'a faits. Mais pas un seul n'a osé me répondre : oui. Je ne blâme pas ces gens d'essayer de se défendre contre ce que Karl Marx appelle « *une agression despotique contre la propriété collective ? L'écureuil ne défend-il pas*

à mort le tas de noisettes qu'il a travaillé à amasser pour ses petits et pour les mauvais jours ? » Il est évident qu'il répugne à nos gens, anticommunistes, de respecter une loi de caractère communiste. Mais il n'en reste pas moins que cette loi a transformé d'innombrables foules, on pourrait dire tout un peuple, en une bande d'éludeurs, menteurs, tricheurs, rédacteurs de faux rapports, parjures au besoin : c'est-à-dire une nation de hors-la-loi. Peut-il y avoir de plus grand désordre dans la société ? NON. Karl Marx et tous ses disciples, chevaliers avant tout du désordre, n'auraient pu faire mieux eux-mêmes !

Dépossession du citoyen, établissement du principe de l'État-patron, révolte larvée contre la loi et désordre social, voilà une œuvre bien marxiste, bien communiste de nos soi-disant anticommunistes au pouvoir.

TOUJOURS COMME À MOSCOU

Abolition du droit à l'héritage. Autre forme de dépression du citoyen au profit de l'État. Si, comme pour l'impôt le revenu, on ne prend pas encore 100 pour cent de l'héritage laissé à une veuve et à ses orphelins, on prend un pourcentage plus ou moins fort suivant que le défunt a eu plus ou moins d'initiative et à plus ou moins économisé.

Le quatrième commandement demande la confiscation de la propriété de tous les émigrants et rebelles. Leurs femmes et enfants innocents sont punis et l'État continue toujours d'absorber la propriété privée. Nos démocraties « anticommunistes » ont observé ce commandement de Karl Marx aussitôt après la récente guerre, plus particulièrement en France.

Le cinquième commandement du décalogue marxiste stipule : Centralisation du crédit dans les mains de l'État, par le moyen d'une banque nationale à capital d'État et d'un monopole exclusif. Ce commandement a été réalisé au Canada en 1932 ; depuis, les banques nationales des « *démocraties* » irresponsables aux Parlements, ont été toutes reliées sous le monopole mondial de la Haute Banque établie à Dumbarton Oaks en 1943, et une poignée de Juifs détermine ainsi la vie financière des pays enchaînés.

Sixième commandement du *Manifeste Communiste* de 1848 : Centralisation des moyens de communication et de transport aux mains de l'État. Nous l'avons aussi pour au moins la moitié de tout notre réseau de communications.

Septième commandement : Extension de la propriété d'État aux usines et instruments de production. Le principe est admis ici, comme dans les usines de Chalk River, de Polymer Corp. à Sarnia, et autres, et peut être généralisé à la faveur d'une guerre ou d'une simple période de crise, comme le gouvernement socialiste anglais vient de le faire.

Huitième commandement : Obligation pour tous de travailler, ce qui devient automatique lorsque le citoyen ne jouit plus de la propriété privée. Notez qu'on ne parle pas du droit au travail, car, comme en Russie, le récalcitrant ou insoumis est rayé de la liste des travailleurs et condamné à mourir de faim.

Neuvième commandement : Combinaison de l'agriculture avec l'industrie manufacturière, ce qui sera fait par la conscription de tous les travailleurs et leur incorporation dans des armées de prolétaires et d'agriculteurs. Qu'une nouvelle guerre éclate et, de par l'organisation qu'il a créée notre gouvernement fédéral se verra dans l'obligation d'établir ces armées de travailleurs conscrits. Marx demande aussi une redistribution de populations urbaines et rurales, c'est-à-dire la dépopulation des campagnes.

Dixième commandement : l'instruction gratuite dans des écoles publiques. Si ce n'est plus la famille qui subvient à l'éducation, c'est nécessairement l'État, et le devoir d'éduquer les enfants incombe primordialement à l'État. Automatiquement l'autorité paternelle disparaît pour faire place à l'autorité de l'État sur l'enfant. Et l'école publique, dans le langage marxiste, c'est l'école neutre, sans Dieu ni religion. Le principe de l'instruction libre dans des écoles publiques, contre lequel Québec s'était toujours défendu, nous a été imposé par Monsieur T. D. Bouchard lorsqu'il était le plus important et plus puissant ministre du cabinet Godbout.

Vers le gouvernement mondial

Voilà les dix conditions réclamées par Karl Marx pour préparer et hâter l'avènement du Communisme universel. Et le conspirateur savait exactement où ces préceptes doivent conduire fatalement, quel travail de corrosion de la société et de l'ordre existant ils doivent opérer, quelles inéluctables conséquences ils doivent amener. Ces dix conditions, nous les avons toutes au travail dans notre pays, partiellement ou dans leur totalité. Ce sont les dix piliers fondamentaux du grand édifice communiste. Vous admettrez que c'est plus important et plus grave qu'une bande de braillards qui peut se nommer « *le parti communiste* », car, même si l'on se débarrassait de ce parti, nous n'en courrions pas moins au

Communisme total, en continuant d'observer les dix commandements de l'athée Karl Marx qui font loi chez nous. Nous sommes déjà en plein Communisme, nous en faisons chaque jour, nos lois nous y orientent constamment, l'administration publique nous y pousse. Et vous allez voir bientôt augmenter la vitesse de cette course, de même que la poussée vers le gouvernement mondial.

Mais, direz-vous, comment se fait-il que nos gouvernements aient pu légiférer dans un sens aussi ouvertement communiste, depuis 1917 ? Étaient-ils des naïfs, des ignorants ? Les « *suiveux* » de la politique en étaient, mais pas les chefs. Les chefs, c'est-à-dire l'ensemble de ceux qui déterminent la législation et la marche de la nation étaient des complices de Karl Marx, des traîtres. Je veux dire la Franc-Maçonnerie internationale, maîtresse de notre politique, et qui est autant aux mains de la Juiverie que les Internationales prolétaires. Elles visent au même but, ont le même idéal, tendent vers les mêmes fins, suivent les mêmes aberrations. Je ne parle pas des maçons des degrés inférieurs, généralement très honnêtes hommes, qui suivent les Loges dans l'espoir d'avancement personnel ; je parle des chefs, des grades supérieurs, petite minorité qui seule connaît les secrets de la Franc-Maçonnerie. Et quand je parle de Franc-Maçonnerie, je parle de tous les rites et de toutes les obédiences. Prenons la moins nocive de ces sectes, celle qui se présente sous les dehors les plus déistes et les plus honorables, la Franc-Maçonnerie du Rite Écossais.

LE GRAND SERMENT MAÇONNIQUE : C'EST DU COMMUNISME

Le général Garibaldi, vainqueur des armées papales en 1870, avait été initié au 33ème et dernier degré du Rite Écossais. Faute de temps, je ne vous lirai que quelques lignes de la communication des grands chefs lors de son initiation et le serment qu'on lui fit prêter.

Je cite : « *Aucun degré ne révèle toute la Vérité ; le voile n'est levé que graduellement devant les yeux des curieux Pour nous du Conseil Suprême, investis du Pouvoir Suprême, et pour nous seulement, la vérité est pleinement révélée et nous fait savoir, voir et sentir* que : l'Homme est à la fois Dieu, Pontife et Roi de lui-même. Voilà le sublime secret, la clé de toute science, le sommet de l'initiation. La Franc-Maçonnerie, synthèse parfaite de tout ce qui est humain, est donc Dieu, Pontife et Roi de l'humanité ; c'est ce qui explique son universalité, sa vitalité, sa puissance. Nous, les Grands Chefs, formons le bataillon sacré du Sublime Patriarche, qui est Dieu Pontife et Roi de la Franc-Maçonnerie. Voilà la triple Vérité. » Plus loin, je lis : « Résumons donc clairement, pour vous, la Grande Lumière de la suprême initiation : Vous êtes votre propre Dieu, votre propre Pontife et votre propre Roi. Votre raison est la seule règle de Vérité, la seule clé de la science et de la politique. Vos appétits et vos instincts sont la seule règle du Bien. La seule clé du progrès et du bonheur.

« Vous devez comprendre et interpréter comme suit notre motto sacré : Liberté, Égalité, Fraternité. » Dans une assez longue explication, le conseil suprême enseigne à Garibaldi que Liberté veut dire indépendance de volonté qui ne reconnaît aucune puissance, qui ne se soumet à aucun roi, aucun pape, aucun Dieu. Égalité veut dire que la terre est à tous les hommes également, que personne ne doit avoir plus que son voisin, qu'il faut abolir les contrats, l'héritage, exproprier les compagnies de finance, banques, canaux, transport, assurances, mines, etc. Fraternité veut dire la formation d'un État maçonnique au-dedans de l'État, puis au-dessus de l'État, puis contre l'État. Puis on fait prêter le serment à Garibaldi. Je cite textuellement :

Répétez maintenant après nous notre Serment Suprême : « Je jure de n'avoir aucune autre patrie que la patrie universelle. Je jure de m'opposer fermement, partout et toujours, aux frontières des nations, aux frontières des champs, aux bornes des maisons et des boutiques, et aux liens de la famille ;

« Je jure de renverser, au sacrifice de ma vie, les frontières que les chrétiens humanicides ont tracées avec le sang et la boue au nom de Dieu ;

« Je jure de vouer mon existence entière au triomphe sans fin du progrès et de l'unité universelle, et j'affirme mon adhésion à la négation de Dieu et de l'âme. »

Le même Rite Écossais, par son chef Suprême Albert Pike, avait défini comme suit les trois points maçonniques, à Paris en 1885 : 1er point : Destruction du surnaturel, de l'autorité, de l'activité antimaçonnique ; 2ème point : Matérialisme de la conscience, de l'éducation, de l'État ; 3ème point : Imposition maçonnique sur la famille, sur la nation, sur l'humanité.

La suprême supercherie

Comme on peut le voir, les buts du Communisme et de la Franc-Maçonnerie sont parallèles et identiques, ils cheminent vers le même aboutissement. Il n'y a rien de surprenant à cela quand on sait que les Juifs Marx, Engels et Lasalle, premiers prophètes du communisme, étaient aussi des francs-maçons, de même que le Juif Ricardo, père de l'économisme moderne et chez qui Marx et Engels ont puisé leur théorie de la plus-value (ou profit).

Quand on sait que le judéo-marxisme trône au Kremlin et dirige les pays sous le joug soviétique, quand on sait que la judéo-maçonnerie trône à *Lake Success* et dirige les gouvernements démocratiques, il n'est pas étonnant que toute l'humanité subisse, partout à la fois, des attaques soit ouvertes, soit cachées et perfides, contre le surnaturel, la religion, l'idée nationale, la tradition, la famille, la propriété privée ; et que le monde entier, dans les deux camps, soit poussé vers la république universelle, un monde de sans-Dieu, de sans-patrie, de sans-famille et de sans-bien.

La plus grande supercherie depuis la chanson du Serpent à Adam et Ève, la plus grande fraude de tous les temps, le plus incroyable attentat contre la Loi Naturelle et la Loi Divine dans toute l'histoire de la création, se déroulent sous nos yeux, perpétrés par des traîtres sous la direction de Judas déicide et apostat.

En voulant servir leur maître, tous ces zélés du Satanisme l'ont dépassé, car si Lucifer dans sa révolte a combattu Dieu sans pouvoir nier Son existence et Son nom, nos convulsés délirants de l'anti-surnaturel, sont allés jusqu'à nier Sa réalité, tant la vanité méningiteuse de leur rationalisme est hystérique et aveugle. Je vous dirai bientôt comment ce colossal appareil de conspiration contre l'être humain, s'effondrera, dans la plus grande cacophonie de craquements, de crépitements et de gémissements que notre planète ait encore entendus.

D'ici là, il est temps encore pour nos politiciens sincères (*s'il peut se trouver parmi eux des hommes véritables, des hommes complets*), d'éloigner de chez nous, partiellement du moins, les effets de la catastrophe qui s'en vient en galopant.

Au lieu de crier, à l'anticommunisme, qu'ils travaillent à détruire le Communisme installé chez nous par leurs chefs ! Et le seul travail qu'ils peuvent faire, c'est de détruire les dix piliers du Communisme érigés sur notre sol depuis 1917, d'effacer de nos statuts les lois d'esprit et de buts judéo-maçonnico-communistes que nos parlements moutonniers ont approuvés,... en bêlant.

A. A.

Adrien Arcand

LA RÉVOLTE

DU

MATÉRIALISME

* * *

" NOTRE DEVOIR DEVANT LES FAITS "

causerie prononcée à Montréal

THE SAVOISIEN & LENCULUS

Ce qui se passe sur la scène politique du monde est intéressant.

Ce qui se passe dans la coulisse et que l'on cache est plus intéressant encore.

Pour savoir ce qui se passe, d'où viennent les idées et les manœuvres qui vous poussent vers un abîme que vous ne voyez pas, lisez :

" The Savoisien "

" La Liberté par la Vérité "

Un groupe de rédacteurs du journal *L'Illustration Nouvelle*, de Montréal (Québec, Canada). Assis au centre, Adrien Arcand, rédacteur en chef.

Adrien Arcand

LA RÉVOLTE
DU
MATÉRIALISME

causerie prononcée à Montréal

Ceux qui trouvent sans chercher, sont ceux qui ont longtemps cherché sans trouver.
Un serviteur inutile, parmi les autres

17 JUILLET 2013
SCAN, OCR, Mise en page

LENCULUS

Pour la **L**ibrairie **E**xcommuniée **N**umérique des **CU**rieux de **L**ire les **US**uels

PRÉAMBULE

La lutte à finir qui se poursuit de nos jours sur toute l'étendue de la terre, est vraiment la lutte du matérialisme contre tout spiritualisme, la bataille implacable de la matière contre l'esprit. *Le Communisme* qui régit tous les territoires dans l'orbite de Moscou, s'affirme ouvertement comme le culte et l'organisation du matérialisme ; il affirme que tout n'est que matière, qu'il n'y a ni au-delà, ni divinité, ni âme humaine. Donc, pas d'autre nécessité, pas d'autre foi, pas d'autre espoir qu'en la matière.

La plupart des autres pays non-communistes sont régis de façon invisible par la franc-maçonnerie, dont les chefs suprêmes ont exactement les mêmes convictions et visent au même but final, mais par des moyens plus détournés, plus hypocrites, dosant tous leurs mouvements dans une gradation aussi diabolique qu'habile.

Ce sont là des vérités sommaires, presque des lieux communs, que n'importe quel chercheur peut trouver en peu de temps. Mais néanmoins, ce n'est qu'une parcelle de vérité sur la question, un premier aperçu, et ce n'est pas encore suffisant pour comprendre pleinement le péril qui nous menace, pour nous en libérer, pour vaincre finalement l'ennemi.

Quand on veut se donner la peine assez ardue d'explorer la grande conspiration dans son dernier repaire, on fait des découvertes vraiment étranges et l'on perçoit des choses que tout le dispositif de la conspiration ne permet pas de soupçonner. Je vous ferai grâce d'une infinité de détails là-dessus, et vous résumerai succinctement les faits. Ces faits constituent la Vérité, cette vérité qu'il n'est pas permis de publier, de dire, voire même d'avoir l'audace de tenter de connaître.

La Vérité cachée, inconnue même des masses juives, la voici :

L'OR, MAÎTRE DU MONDE

La ploutocratie juive internationale, c'est-à-dire la Haute Banque Mondiale de l'Or, est l'autorité suprême qui conduit la vie financière et économique du monde. C'est de ce groupe que Henry Ford disait, en 1921 : « *Eliminez cinquante juifs influents, et vous n'aurez plus de guerres, de révolutions, d'effondrements économiques, de crises de chômage ni de communisme.* »

Cette ploutocratie juive des rois de la finance réside à Wall Street ; elle a autant d'influence sur le Kremlin que sur la Maison Blanche. C'est ce qui explique que, en tout ce qui concerne l'avancement de la conspiration mondiale, Washington et Moscou ont conjugué leur action depuis 1933. Leurs mésententes ou querelles publiques, suscitées par Wall Street pour la galerie et pour dérouter l'opinion mondiale, ne nuisent en rien au progrès du complot.

Leur affaire de Corée, par exemple, n'a servi qu'à instaurer l'armée ou la police mondiale, et à pousser l'Amérique à établir un système de militarisme et de garnison permanent, nécessaire pour étouffer les initiatives et les libertés des nationaux, tout en les dépouillant par les taxes et un coût de la vie toujours plus élevés.

Cette ploutocratie juive exerce l'autorité et l'influence suprêmes sur le Communisme, sur la Franc-Maçonnerie et les autres associations et sectes qui en découlent.

Les chefs suprêmes de la grande conspiration matérialiste ne sont pas des matérialistes. Ce sont ce qu'on appelle chez les ignorants de « *bons juifs* », des Juifs de synagogue, qui soutiennent la synagogue, et, au besoin, pour leurs fins, soutiennent des institutions chrétiennes.

LES HOMMES « SANS ÂME »

Ce qu'on appelle « *le bon juif* » est plus dangereux que le Juif non-pratiquant. Car le Juif de synagogue est complètement saturé de *Talmudisme* et il croit aux enseignements du *Talmud*, qui a fini par prévaloir sur la Torah ou l'Ancien Testament.

Le *Talmud*, même dans ses éditions modernes, enseigne que le Dieu unipersonnel des Juifs, Jéhovah, ne reconnaît et n'aime qu'un seul peuple, qui est son élu, qui est le peuple saint, parce que seul le Juif a une âme ; que les autres êtres humains, les Gentils ou *goyim* sont des êtres sans âme, créés uniquement pour être utiles au Juif, pour le servir, pour l'enrichir, pour être conduits et régentés par le Juif. D'après le *Talmud*, toutes les religions des *goyim* sont des idolâtries et doivent être effacées de la terre, pour que seul le Judaïsme, la vraie religion, subsiste universellement. Lorsque seul le Judaïsme subsistera, les *goyim* devront en prendre connaissance et reconnaître enfin l'onction, la royauté d'Israël, devant laquelle ils devront docilement s'incliner, en acceptant leur sort définitif de serviteurs du peuple-élu.

On se rappelle encore l'action en libelle intentée contre le journal *La Croix*, de Québec, par les Juifs. Devant le tribunal, l'un des rabbins les plus éminents de Montréal rendit témoignage. Lorsqu'il affirma que le Judaïsme croit à l'enseignement d' « *aimer Dieu et son prochain comme soi-même* », la question lui fut posée : « *Sous votre serment, est-ce que le non-juif peut être le prochain du juif ?* » et il répondit catégoriquement : NON. La croyance juive est encore la même qu'au temps où le Christ racontait la parabole du bon Samaritain, qui scandalisa si fortement les rabbins de l'époque.

L'irréligion, l'athéisme, prêchés par le communisme et les autres organisations, ne sont qu'à l'intention des Gentils, afin de les mieux subjuguer. Si le communisme parvenu au pouvoir frappe avec tant de fureur rageuse les religions et les temples des Gentils, il ne moleste pas la synagogue. Bien au contraire. Un bulletin de l'*Intourist* soviétique publié entre les deux guerres, nous donnait la photographie de la cathédrale Saint-Isaac, la plus grande de Léningrad, transformée en musée antireligieux. Depuis cette époque, on a bâti à Léningrad une synagogue nouvelle, aussi grande et imposante que n'importe quelle basilique majeure de Rome. La dernière édition de l'Encyclopédie Juive en donne la photographie, au mot Léningrad, et ajoute que le gouvernement soviétique a fourni une partie des fonds pour ériger cette énorme construction. Ainsi, pendant que le gouvernement juif de Moscou transformait les temples chrétiens en salles de danse, musées antireligieux, maisons de prostitution, clubs, écuries ou casernes, il bâtissait la reine des synagogues avec les trésors arrachés aux églises des Gentils.

LA DOMINATION DU MONDE

En somme, la lutte du matérialisme, quand on comprend bien le fond de la question, est la lutte du spiritualisme judaïque contre tous les autres spiritualismes, particulièrement le spiritualisme chrétien. C'est le cadavre de l'Ancien Testament qui veut ressusciter et s'imposer sur les ruines du Nouveau Testament. Si, pour nous, *goyim*, ce doit être une affaire d'irréligion et d'athéisme, pour les Juifs c'est une affaire essentiellement religieuse, une poussée générale de tous leurs organismes vers un messianisme terrestre, vers la domination du monde par les Juifs, la domination du Judaïsme sur la pensée humaine. Voilà la vérité, l'unique Vérité, sur la conspiration communiste, la Vérité qu'il faut taire, et je sais ce qu'il en coûte pour avoir le courage de la dire.

Si le *Talmud* disait la Vérité, s'il était vrai que nous n'avons pas d'âme, que nous ne sommes que du bétail, alors j'admettrais le premier que le plan juif est justifié, qu'Israël a raison et a droit d'agir comme il le fait, que son complot suprêmement logique avec ses prémisses a raison d'être et s'impose.

Mais, malgré les prétentions d'Israël, nous avons une âme, nous avons un spiritualisme, et c'est ce qui fera la perte du Juif si convaincu du contraire, c'est ce qui fera avorter son complot et réduira à néant toute sa puissance et tous ses efforts. Et puisque nous avons une âme, il y a nécessairement un monde et une vie spirituels, il y a fatalement un Esprit suprême qui a fait cette âme, il y a un Dieu, une Révélation et tout ce qui s'ensuit.

LA QUANTITÉ ET LA QUALITÉ

Trop souvent on confond le spirituel avec le surnaturel, parce que le surnaturel est d'essence purement spirituelle. Mais ce qu'on convient d'appeler la Loi Naturelle englobe à la fois le spirituel et le matériel. On est presque toujours porté à ne concevoir la Loi Naturelle que comme la loi régissant les choses sensibles de notre planète et du monde visible. C'est une erreur. De vraies distinctions fondamentales, il n'y en a qu'entre l'Incréé et le créé, entre l'Infini et le fini, entre le Divin et le non-divin, entre le Créateur et la créature. Il est de la *nature des Anges* d'être de purs esprits, et il y a conséquemment une Loi Naturelle qui les régit ; il est de la *nature des hommes* d'être temporairement des esprits et des animaux, et ils tombent sous le coup de la Loi Naturelle, tant pour leur esprit que pour leur corps. La Loi Naturelle, dont malheureusement on ne cite trop souvent que quelques aspects, est la loi générale régissant tout le domaine du créé, soit spirituel, soit matériel. C'est la loi qui régit *la nature* de tout et de tous.

Et cette loi, d'après les traces qu'elle nous fait voir, comporte un équilibre, une équivalence que rien ne peut rompre, entre le spirituel et le matériel, dans le domaine humain.

Cette loi nous indique clairement que le matériel ne peut s'évaluer que par la *quantité*, que le spirituel ne peut s'évaluer que par la *qualité*. Ainsi, un homme est d'autant plus riche que la quantité de ses richesses est grande ; il est d'autant plus juste que la qualité de sa justice est affinée, intense. Et, comme il est vrai que l'esprit domine la matière, il est pareillement vrai que l'intensité du spiritualisme l'emportera toujours sur la quantité du matérialisme.

Pour sauver Sodome et Gomorrhe, plongées dans les tréfonds du matérialisme, Dieu demanda de trouver seulement cent, cinquante, vingt, dix justes, c'est-à-dire seulement dix hommes d'un spiritualisme suffisant pour compenser le matérialisme de plusieurs centaines de milliers d'hommes. On a vu des êtres humains d'un spiritualisme tellement intense, tels François d'Assise, Thérèse d'Avila, que la qualité de leur spiritualisme suffisait à sauver et régénérer des peuples entiers menacés de couler à pic dans le matérialisme.

Toute action, tout mouvement physique met en opération des forces qui agissent dans le monde physique et qui souvent, par leur suggestion ou autrement, influent sur l'esprit. De même, toute action ou mouvement de L'esprit met en opération des forces qui peuvent agir dans le monde physique.

QUAND L'ÉQUILIBRE EST ROMPU

Il y a, chez l'être humain, une espèce d'équilibre dans l'action et l'interaction du spirituel et du matériel ; lorsque cet équilibre est rompu, l'être en souffre dans l'une ou l'autre de ses parties composantes. *Puisque l'esprit est d'essence supérieure à la matière, il garde toujours l'autorité prédominante, de même que l'influence supérieure.* Lorsque le physique, par ses exigences et son action, réussit à prendre l'ascendant sur l'esprit, celui-ci, sans rien perdre de ses possibilités de primauté, devient comme paralysé, asphyxié par la rupture de l'équilibre. Il faudra, à l'être ainsi déséquilibré, un effort de volonté, un effort de l'esprit, héroïque, presque surhumain, pour que son côté spirituel reprenne l'ascendant sur son côté matériel. Généralement, l'affliction et la douleur sont les agents principaux qui peuvent susciter cet effort.

Il en est de même pour un peuple, pour la société en général, pour l'humanité, tout comme pour l'individu. La seule arme qui peut vaincre le matérialisme, c'est le spiritualisme. Et quand je vous dis cela, c'est uniquement en considérant la nature même de l'homme, sa composition, bien indépendamment de toute notion ou tout enseignement religieux. Car l'existence de l'esprit est, avant tout, une question de fait. Il existe ou n'existe pas.

Quand le Communisme heurte de front le sens familial, le sens national, le droit de propriété, il attaque la Loi Naturelle dans quelques-unes de ses manifestations ou exigences les plus évidentes. Mais il violente encore plus la Loi Naturelle quand il cherche à éteindre le spiritualisme en l'homme, dont la nature est d'être à la fois esprit impérissable et corps physique périssable.

Si, comme le croit le Juif *Talmudiste*, le *goy* ou Gentil n'avait pas d'âme, rien ne pourrait arrêter la marche triomphale du Communisme, rien ne pourrait empêcher la victoire complète et définitive du plan des arrière-loges. Mais leur erreur capitale, c'est de nier que les Gentils ont une âme, qu'ils ont une vie spirituelle, et surtout une pathologie spirituelle qui constitue la plus grande puissance qu'il y ait en ce monde.

Tout assaut du matérialisme contre le spiritualisme met automatiquement en mouvement, par réaction inévitable, une activité spirituelle. Et cette activité est d'autant plus efficace, puissante, que sa qualité est intense.

L'Église Catholique comprend évidemment le jeu de cette équivalence et de ces forces, lorsqu'elle les met en action par la prière, la pénitence, la volonté de sacrifice, l'acceptation de l'épreuve, qui sont de puissants mouvements de l'esprit. Ce n'est pas mon rôle de commenter les énormes forces supplémentaires qu'elle y ajoute par l'intervention du surnaturel par la grâce. C'est un tout autre domaine.

BESOIN IMPÉRIEUX ET CONSTANT

Le Communisme croit peut-être avoir fait d'immenses progrès quand il a conquis, par exemple, les vastes populations et ressources de la Chine, augmentant ainsi son avoir matériel. Mais, il a fait des pertes correspondantes en suscitant, par la douleur que des millions de Chinois et le reste du monde en ont ressenti, un *avivement du spiritualisme* ; et si ce spiritualisme est d'une intensité plus grande qu'il ne faut, pour compenser la quantité de l'avance matérialiste, *il s'ensuit que le matérialisme est le perdant ; la claire vision de sa défaite n'est qu'une question de temps.*

Le jeu de la loi est le même pour toutes les conquêtes apparentes du Communisme, en Europe, en Asie, ou ailleurs. De par la Loi Naturelle, jamais la matière ne pourra vaincre l'esprit, sur cette terre, à moins que l'homme ne renonce délibérément à son propre esprit.

De tout temps et sous tous les climats, le besoin du spiritualisme a été aussi impérieux, chez l'homme, que ses besoins matériels et il s'est manifesté en conséquence ; ce besoin et ces manifestations se sont révélés avec une constance et une permanence telles, que nier l'existence de l'esprit chez l'homme ne saurait être que le fait d'une déficience mentale, ou l'aberration d'un aveuglement, comme seul le *Talmud* peut en produire.

L'ASSAUT LE PLUS ORGUEILLEUX

La lutte affreuse poursuivie contre l'esprit, contre la nature même de l'homme, constitue l'assaut le plus orgueilleux qui se soit encore vu, contre la Loi Naturelle. Celle-ci, qui n'est en somme que l'expression de la volonté du Créateur, n'a jamais été vaincue par qui que ce soit, sauf par Jésus-Christ, qui s'est ressuscité Lui-même. Plus on la viole, plus elle se venge cruellement. *Plus fortement et plus longuement on comprime l'action de la Loi Naturelle, plus violemment elle explose à la face même de celui ou ceux qui la défient.* Par le spectacle que le monde nous offre depuis quelques années, la saine raison permet de croire que le point de saturation qu'il n'est pas permis de dépasser sera bientôt atteint, s'il ne l'est pas déjà ; que la réaction du spiritualisme atteint chaque jour un degré d'intensité plus vive, et que cette réponse de l'esprit dépasse de beaucoup par sa qualité la somme du matérialisme lancé dans la lutte.

Quand elle se venge, ce ne sont pas des idées que frappe la Loi Naturelle ; ce sont les êtres réels qui tombent sous sa régie : hommes ou choses. Devant elle, argent, organisation, propagande, complots, ne sont absolument rien. Bientôt nous verrons sa réaction faire crouler, comme un château de cartes, l'ensemble de ces organismes et ces internationales qui se croient gigantesques et tout-puissants.

LA RÉACTION SERA MONDIALE

Jamais, dans notre mouvement, nous n'avons cru à la haine, à la vengeance, à la violence ou la brutalité, bien que nous en ayons été plusieurs fois victimes. C'est immensément pénible de voir des êtres humains, quels qu'ils soient, souffrir et gémir, même quand c'est du résultat de leur propre conduite. Mais, que pouvons-nous faire, quand la Nature elle-même déchaîne l'inflexible et inexorable justice du jeu de ses lois ?

Ceux qui ont organisé et propagé la Révolution Mondiale vont l'avoir, leur révolution ; mais, dans sa dernière phase, elle se retournera contre ses auteurs.

Si le semeur de vent récolte la tempête, ceux qui ont semé le désordre et la révolte récolteront l'anarchie et une ruée aveugle contre eux-mêmes.

Ce n'est pas impunément qu'on accable l'humanité entière de guerres, de révolutions, d'orgies de sang, de persécutions, d'usure financière, de déséquilibre économique, de fausses théories et de mensonges ; ce n'est pas impunément qu'on immole en 30 ans cent millions d'êtres humains, sur l'autel de ses convoitises ; la Loi veut qu'on en récolte la moisson.

Quand, à l'horloge du destin, sonnera l'heure terrible de la reddition des comptes, que des peuples entiers préparés à ne plus écouter aucune autorité, ouvriront soudainement les yeux et verront toute la Vérité, il n'y aura sur cette terre ni autorité religieuse, ni autorité civile, ni autorité militaire qui pourra se faire entendre à ces foules et les empêcher de se lancer en tumulte contre les conspirateurs qui auront torturé l'humanité.

De même que le mensonge a régné partout au même moment, de même que la conspiration a été simultanément universelle et globale, de même l'impétueuse et incontrôlable réaction sera mondiale. *Dies irae, dies illa* : jour de colère que ce jour-là ! Et personne n'y pourra rien faire.

L'ESPRIT VA TOUT BALAYER

Dans l'intervalle, tout ce qui peut se produire n'a qu'une importance relative et mineure. *Ce qui compte, c'est la victoire finale de la Vérité sur l'Erreur, du Bien sur le Mal, de l'Ordre sur le Désordre, de l'Esprit sur la Matière.* Douter un seul instant de cette victoire, c'est douter de Dieu même et de Ses lois. *À quelque prix que ce soit, à quelque péril qu'on s'expose, il faut continuer de servir et proclamer la Vérité.* Nous sommes assurés de triompher avec elle, c'est tout ce qui compte. Le reste a si peu d'importance que, s'y arrêter un seul instant, c'est diminuer sa propre stature d'homme, c'est descendre au niveau de l'ennemi. Tout l'appareil des puissances matérielles, cela se résume à Zéro majuscule, devant l'Esprit qui peut et qui va tout balayer Plus l'opposition matérialiste qu'il y a devant nous est grande en quantité, plus nous devons affiner notre spiritualisme en qualité et en intensité, surtout par la souffrance, surtout en souffrant la souffrance des autres déjà plongés dans le creuset brûlant de l'Histoire. Quand viendra le choc final, nous serons les mieux armés, nous serons les plus forts ; et nous verrons, témoins favorisés de toutes les époques humaines, l'Esprit renverser, d'un souffle de feu, la misérable accumulation de matière dans laquelle d'autres hommes, fils de Dieu pourtant, avaient mis exclusivement leur foi, leur espérance et leur amour.

www.the-savoisien.com

www.pdfarchive.info

www.vivaeuropa.info

www.freepdf.info

www.aryanalibris.com

www.aldebaranvideo.tv

www.histoireebook.com

www.balderexlibris.com

www.ingramcontent.com/pod-product-compliance
Lightning Source LLC
LaVergne TN
LVHW041553060526
838200LV00037B/1264